„Glücklich ist nicht, wer anderen so vorkommt, sondern wer sich selbst dafür hält." (Lucius Annaeus Seneca).

„Viele Menschen versäumen das kleine Glück, während sie auf das Große vergebens warten." (Pearl S. Buck)

Manuela Aberger

Ihr Glück wartet schon - oder warten Sie noch auf Ihr Glück?

Wie auch Sie endlich Ihr Glück finden

Impressum

© 2013 Manuela Aberger

Coverbild: © T.Tulik - Fotolia.com

Verlag: tredition GmbH, Hamburg
ISBN: 978-3-8495-7087-3

Printed in Germany

Bibliografische Information der Deutschen Nationalbibliothek:
Die Deutsche Nationalbibliothek verzeichnet diese Publikation in der Deutschen Nationalbibliografie; detaillierte bibliografische Daten sind im Internet über http://dnb.d-nb.de abrufbar.

Inhalt

Vorwort

Eine allgemeingültige Definition von Glück gibt es trotz zahlreicher Bemühungen in der Philosophie, der Medizin und der Psychologie nicht. Die Wahrnehmung, was jemand als Glück empfindet, ist subjektiv.

"Entscheidend in der Praxis sind häufig nicht objektive Tatsachen, sondern das subjektive Erleben der betreffenden Person. Glück bewegt sich zwischen spontanem, unerwartetem Erleben und längerfristigem Erfahren." [1]

Letztendlich bestimmen die eigenen Lebens- und Wertvorstellungen, Wünsche und Erfahrungen, was einen Menschen glücklich macht.

Doch wie findet man den Weg zum glücklich sein? Diese Frage soll auf den folgenden Seiten untersucht werden. Der

---

[1] Otte, 2013, S. 3.

Ratgeber soll dem Leser helfen, seinen Weg zum persönlichen Glück zu finden und ihm Mut machen, diesen auch zu gehen. Des Weiteren enthält er Tipps und Ratschläge, wie man das Glück auch in kleinen unscheinbaren Situationen erkennt und genießen lernt. Dabei helfen die philosophischen und wissenschaftlichen Hintergründe, um zu verstehen, wie das mit dem Glück und dem Menschen funktioniert.

Zunächst soll ein statistischer Abriss die gegenwärtige Situation zum Thema Glück darstellen. Zahlreiche Philosophen und Wissenschaftler haben sich mit der Frage nach dem Glück beschäftigt. Doch letztendlich sind ihre Untersuchungen nur Verallgemeinerungen. Um richtig glücklich zu sein, muss jeder Mensch seinen eigenen Glücksweg finden. Diese Aspekte werden im Kapitel der persönlichen Seite des Glücks untersucht und auch die damit verbundenen Konflikte, Fragen und Diskussionen aufgegriffen. Denn glücklich sein kann man auch lernen. Entsprechende Tipps und Tricks werden anschließend kurz dargelegt.

1. Statistische Werte zum glücklich sein

Laut dem Glücksatlas der Deutschen Post waren 2012 die Hamburger die glücklichsten Menschen in Deutschland.[2] Dies begründet sich vor allem im guten Einkommen der Einwohner und im großen Umfang an kulturellen Angeboten und Freizeitmöglichkeiten. Den letzten Platz belegt Sachsen - Anhalt, knapp davor liegt Mecklenburg Vorpommern. Diese Bundesländer haben im Gegensatz zu den weiteren Spitzenreitern Niedersachsen, Bayern und Schleswig - Hohlstein eher ein niedriges Durchschnittseinkommen der Einwohner vorzuweisen. Daraus ergibt sich die Vermutung, dass Glück gleich Geld bedeutet. Jedoch ist dies nicht zwangsweise der Fall. Ein Polster auf dem Sparkonto vermittelt finanzielle Sicherheit und ermöglicht es, nicht jeden Cent umdrehen zu müssen. Doch ab einer bestimmten Summe ist das Glück aufgrund eines Geldsegens gesättigt. Gerade bei Menschen, welche viel für ihr Geld arbeiten gehen und zwar beruflich erfolgreich sind, de-

---

[2] vgl. Deutsche Post 2012.

ren Privatleben aber genau darunter leidet, ist ein hohes monatliches Einkommen keine Garantie für Glück. Dem stehen bei diesem Beispiel Einsamkeit und psychische sowie physische Belastung durch die viele Arbeit entgegen.

Im weltweiten Vergleich belegt Deutschland Platz 26 unter 160 befragten Ländern. Den ersten Platz belegt Dänemark. Weit abgeschlagen liegen Syrien und Togo.[3] Grundlegende Angaben bei der Studie waren "*Lebenserwartung und das Bruttoinlandsprodukt pro Kopf [...,] Freundschaften und die Freiheit, eigene Entscheidungen über sein Leben zu treffen.*"[4]

---

[3] vgl. Zeit – online 2013).
[4] Zeit – online 2013; abrufbar unter: http://www.zeit.de/gesellschaft/zeitgeschehen/2013-09/un-bericht-daenemark-glueck (Stand: 10.10.13).

2. Die Suche nach dem Glück von den Philosophen

Die Philosophie hat sich viel mit dem Glück beschäftigt. Dabei hat sich das Thema um das Glück des Menschen zu einer eigenständigen Lehre in der Philosophie entwickelt, welche als Eudaimonia bezeichnet wird und beschreibt, dass der Mensch sein Handeln in Streben auf Glückseligkeit und seelischem Wohlbefinden ausrichtet.[5]

Dabei ergibt sich die Frage, welche Handlungen Glück herbeiführen. Der Utilitarismus nach John Stuart Mill beschreibt das Prinzip des maximalen Glücks, welches besagt, dass *"diejenige Handlung gut [ist], welche den größten Nutzen zur Folge hat."*[6] Glück entspricht in diesem Sinne dem Nutzen. Dies bedeutet, dass das größtmögliche Glück für die größtmögliche Anzahl von Menschen das Ziel jeder Handlung sein sollte und somit das Glück ein zentrales Handlungsmotiv darstellt.

---

[5] vgl. Gaitzenauer 2008, S. 2.
[6] Steger 2011, S. 15.

Die Glücksphilosophie besagt, dass glücklich zu sein der Sinn des Lebens ist.[7] Sie wurde von Epikur, einem Philosophen der Antike geprägt.

---

[7] vgl. Horn 2010, S. 1.

3. Dem Glück auf der Spur - die wissenschaftliche Seite des Glücks

3.1 Medizinische Fakten zum glücklich sein

Das Entstehen von Glücksgefühlen entsteht im Gehirn. Dabei werden Endorphine, Oxytocin, Dopamin und Serotonin freigesetzt.[8] Die bekanntesten Auslöser für entsprechende chemische Prozesse im menschlichen Körper sind Sport, Sex und bestimmte Nahrungsmittel, welche dem Körper zugefügt werden wie beispielsweise Schokolade.

Doch die Gefühle und das Glücksempfinden des Menschen ist mehr als eine bloße chemische Reaktion in unserem Körper.

"Wir verstehen uns als geistige Wesen, fühlen uns von Hoffnungen, Gedanken, Wünschen beseelt, nicht von Chemie.

---

[8] vgl. Esch 2012, S. 40.

*Wenn wir uns verlieben oder stolz unsere Kinder ansehen, kön-
nen wir dann wirklich glauben, diese Freude am Dasein sei
nichts anderes als der Strom einiger Chemikalien im Kopf."*[9]

Die Menschen reagieren unterschiedlich glücklich auf Ereig-
nisse, da sich das Gehirn Erfahrungen und damit verbundene
Erinnerungen merkt und entsprechende Nervenverbindungen
herstellt.[10] Da jeder Mensch eine andere individuelle Entwicklung durchlebt, sind somit auch seine Reaktionen und Empfindungen auf bestimmte Situationen so individuell wie seine
Vorstellung von Glück. Dieser Ansicht folgt auch Stefan Klein,
wonach *"die Erlernbarkeit des Glücks [...] neurowissenschaftlich er-
wiesen [sei]"*[11] und das Gehirn in der Lage ist, Glücksgefühle zu
verarbeiten und zu speichern.[12] Diese Informationen werden
anschließend bei ähnlich ablaufenden Situationen abgerufen
und es entsteht ein Gefühl von glücklich sein.

---

[9] Klein 2002, S. 89.
[10] vgl. Esch 2012, S. 27.
[11] Hoyer 2007, S. 7.
[12] vgl. Ansorg 2008, S. 45.

3.2 Psychologische Aspekte der Glücksforschung - die Positive Psychologie

Seligman, der Begründer der Positiven Psychologie, beschreibt diese als einen Fachbereich in der Psychologie

"die positive - und nicht nur negative - Emotionen zu verstehen sucht, die bemüht ist, Stärken und Tugenden aufzubauen und Wegweiser aufzustellen, um Ihnen zu ermöglichen, das zu finden, was Aristoteles das 'gute Leben' genannt hat." [13]

Dabei verfolgt die Positive Psychologie folgendes Prinzip: *"Statt nur zu flicken, was bereits kaputt ist, fördert die Positive Psychologie die Stärken."* [14] Dabei ist Optimismus die Grundvoraussetzung für Glück und Lebensfreude. Eine optimistische Lebenseinstellung hilft zum Glücklich sein und ist lernbar. [15]

---

[13] Seligman, in: Engelmann 2012, S. 7.

[14] Scholaut 2013, abrufbar unter: 2013. http://www.ksta.de/psychologie/-psychologie-serie-gluecklich-sein-kann-jeder,15938558,24562820.html [Stand: 10.10.2013].

[15] vgl. Kreichgauer 2013, abrufbar unter: http://www.gluecksarchiv.de/inhalt/positivepsychologie.htm [Stand: 10.10.2013].

Die Positive Psychologie beschäftigt sich mit der Erforschung von positiven Emotionen, den guten Eigenschaften des Menschen und der Frage, welche äußeren Gegebenheiten diese Charaktereigenschaften hervorrufen.[16] Dabei soll sie den Menschen glücklich machen, ihn auf seine eigenen Stärken und Möglichkeiten hinweisen und zugleich die Lebensbedingungen verbessern.[17] Dabei kommt es zu einem Zusammenspiel von Denken, Handeln und Fühlen, welches den Menschen auf seinem Weg zum glücklich sein begleitet.[18]

Die Positive Psychologie versucht den Menschen zu stärken. Durch gezielte Selbstreflexion soll ihm bewusst werden, welche Qualitäten in ihm stecken. Mittels dieser positiven Eigenschaften gewinnt der Mensch an Selbstbewusstsein und kann seine Stärken bei der Verwirklichung seines Glücks nutzen. Die Positive Psychologie verfolgt das Ziel, "*die im Menschen innewohnende Kraft freizusetzen und nicht von äußeren Dingen [...]*

---

[16] vgl. Kreichgauer 2013, abrufbar unter: http://www.gluecksarchiv.de/inhalt/positivepsychologie.htm [Stand: 10.10.2013].
[17] vgl. Engelmann 2012, S. 7.
[18] vgl. Engelmann 2012, S. 8.

abhängig zu machen, wenn es um eine höhere Lebenszufriedenheit geht." [19]

Gleichzeitig setzt die Positive Psychologie auf eine gezielte Wahrnehmung von Glück. Der Mensch soll lernen sich all den äußeren Begebenheiten, welche ihn glücklich machen können, bewusst zu werden. Die Positive Psychologie beschäftigt sich somit nicht mit der Lösung eines konkreten Problems, sondern stellt vielmehr Hilfe zur Selbsthilfe dar, mit welcher der Mensch sein Glück allein finden kann.

3.3 Die Glücksformel - Berechnen Sie Ihr Glück

Pete Cohen versuchte das Maß an glücklich sein mittels einer Formel zu beschreiben.[20] Seine Arbeit kam zu dem Ergebnis von: **Glück = P + (5xE) + (3xH).**

---

[19] Tomoff 2011, abrufbar unter: http://www.zeitzuleben.de/16533-positive-psychologie-anders-als-ein-dauergrinsen/ [Stand: 10.10.2013].
[20] vgl. tby 2013.

Mittels gezielter Fragen, bei welchen die Testperson die Antworten in Form von Skalenwerten von eins bis zehn bewertet, ergeben sich die Werte für die Variablen und damit der abschließende Glückswert. Die Variablen stehen für die Art der Einstellung zum Leben (P), die äußeren Lebensumstände des Menschen, welche sein Handeln prägen (E) sowie Aspekte wie Selbstbewusstsein, Ziele und Wünsche und der Sinn für Humor (H).[21] Dieser errechnete Glückswert kann maximal 100 betragen, was für absolutes glücklich sein steht. Jedoch ist fraglich, ob eine mathematische Berechnung, wie glücklich man ist, nur anhand von vier allgemeinen Fragen möglich ist. Die Methode scheint insgesamt als unzuverlässig, zumal die Antworten auch subjektive Empfindungen der Testperson darstellen und damit nicht als mathematisch zuverlässige Angaben zu bewerten sind.

---

[21] vgl. Tby 2003, abrufbar unter:
http://www.menshealth.de/tech/maennerwissen/gluecksformel-gefunden-so-gut-geht-es-ihnen.17185.htm [Stand: 10.10.2013].

Weitere Theorien zu der Glücksformel beschäftigen sich mehr mit der Frage, welche Zutaten zum Glücklich sein gehören und daher in einer solchen Glücksformel Berücksichtigung finden sollten.

"Um unser Glück zu backen, benötigen wir [...] vier Dinge: Eine Aufgabe, in der wir uns kompetent fühlen, enge soziale Bindungen zu anderen Menschen, immer wieder mal was Neues im Leben und eine Prise Spiritualität." [22]

Allgemein ist jedoch zu sagen, dass die Zutaten für individuelles Glück so spezifisch sind wie dessen Wahrnehmung.

---

[22] Liebsch 2013, abrufbar unter: http://www.planet-wissen.de/alltag_gesundheit/psychologie/glueck/tipps.jsp [Stand: 10.10.2013].

3.4 Die psychologische Wirkung von Glücksbringern

Es gibt eine Vielzahl von sogenannten Glücksbringern, welche Menschen bei den unterschiedlichsten Gelegenheiten verwenden, in der Hoffnung, dass sie Ihnen bei bestimmten Begebenheiten Glück bringen.

So kann ein Schlüsselanhänger am Autoschlüssel für eine allzeit gute Fahrt stehen, ein bestimmter Stift ein Mutmacher bei schwierigen Prüfungen darstellen oder ein kleines Kuscheltier auf dem Nachttisch im Krankenhaus Kraft und Mut bringen.

Die Vielzahl der Anwendungsgebiete ist so zahlreich wie die Arten der Glücksbringer. Letztendlich haben sie jedoch alle gemeinsam, dass sie für den Menschen stellvertretend für Glück stehen. Auch wenn die Glücksbringer eigentlich nicht in der Lage sind, eine bestimmte Situation oder ein gewünschtes Ergebnis herbeizuführen, stehen sie für die Hoffnung, dass der mit ihnen verbundene Wunsch in Erfüllung geht. Der Mensch hat das Bedürfnis, alles, was er nicht erfassen kann, für sich zu

versinnbildlichen. Entsprechend schafft er sich auch Glücksbringer, welche zwar kein glücklich sein herbeiführen können,
aber daran erinnern sollen, dass alles möglich ist.

Eine weitere Funktion besteht darin darin, dass sie ihrem Be-
sitzer Zuversicht geben können. Das Tragen der Glückssocke,
mit welcher man bisher alle Fußballspiele gewonnen hat,
schafft Selbstbewusstsein. Warum sollte sie und das Glück
denn nicht auch dieses Mal wieder den gewünschten Sieg ein-
bringen. Ein Fehlen des Glücksbringers steht für ein böses O-
men und kann die Moral so sehr schwächen, dass einfach alles
schief gehen muss. Aus diesem Grund schadet es nicht, dem
Glück mittels kleiner Gegenstände etwas nachzuhelfen.

4. Der Weg zum Glück - die persönliche Seite des Glücks

4.1 Glück durch soziales Engagement

"Psychologische Studien haben bewiesen, dass nicht der Reichtum uns Menschen glücklich macht, sondern die guten Beziehungen zu unseren Mitmenschen."[23]

Viele Menschen erleben ein Glücksgefühl, wenn Sie anderen helfen können. Ehrenamtliche Arbeit in einer Kirchgemeinde, in einem Alten - oder Kinderheim oder einfach nur das Erledigen der alltäglichen Besorgungen von der alten Nachbarin - gebraucht zu werden tut gut. Dankbarkeit und ein freundliches Lächeln genügen diesen Menschen als Belohnung. Uneigennützig für andere da zu sein, kann eine innere Befriedigung hervorrufen.

---

[23] Ansorg 2008, S. 45.

4. 2 Nur Egoisten sind glücklich - oder: Mut zum Glück

Jeder ist seines eigenen Glückes Schmied - jeder kennt das bekannte Sprichwort. Und es ist wahr. Denn schließlich ist jeder Mensch für sich und sein Leben selbst verantwortlich. Dies trifft auch auf sein persönliches Glück zu. Sicherlich lassen sich nicht alle äußeren Einflüsse beeinflussen, aber jeder sollte wissen, was er vom Leben erwartet und was gut für ihn ist. Wenn man diesen Wünschen folgt, ist das der geradlinigste Weg zum glücklich sein.

Doch wie so oft können auf diesem Weg auch viele Seine als Hindernisse liegen. Diese stellen sich oft in Form von anderen Menschen dar. Denn auch diese verfolgen das Streben nach eigenen Zielen und es kann zu Interessenkonflikten kommen. Dann stellt sich die Frage, ob man an seinen eigenen Wünschen festhalten oder sich zum Wohle von anderen unterordnen sollte.

Fraglich ist, ob ein Mensch wirklich glücklich sein kann, wenn er immer nachgibt. Auch wenn die Erziehung Nächstenliebe, Zuvorkommenheit und Hilfsbereitschaft suggeriert, schadet dem eigenen Wohl eine gesunde Portion Egoismus nicht.

Dies bedeutet nicht, dass man im Bus der alten Frau den Sitzplatz verweigern sollte, sondern betrifft eher jene Situationen, die für einen wirklich wichtig sind. So sollte zum Beispiel kein Arbeitnehmer Mobbing hinnehmen, nur um keinen Ärger in der Firma zu provozieren. Auch das Aussprechen von Wünschen und Vorstellungen innerhalb einer Partnerschaft ist wichtig.

Zwar können dadurch Konflikte entstehen, doch dies ist bedeutend, um sich mit dem Problem auseinanderzusetzen und eine Lösung zu finden. Eine innere Unzufriedenheit aufgrund von Unterordnung und Aufopferung ist oft das größte Hindernis auf dem Weg zum Glück. Letztendlich ist es keine Situation von außen Wert, dass man sich selbst unglücklich macht. Und ein Partner wird ihre Wünsche und Bedürfnisse akzeptieren -

wenn er sie wirklich liebt. Auch wenn der Mensch als Kind gelernt hat, dass ein Ich - Denken egoistisch ist, ist doch jeder selbst für sich selbst und sein Glück verantwortlich. Und eine gesunde Portion von Egoismus ist daher auf dem Weg zum eigenen Glück nun mal notwendig. Menschen, die Sie lieben, werden Sie auf diesem Weg nicht verlassen, sondern Ihnen zur Seite stehen.

Daraus ergibt sich, dass glücklich sein auch Selbstbewusstsein bedarf. Der Mensch muss in der Lage sein, seine eigenen Wünsche und Ziele zu erkennen, sie zu formulieren und anschließend als schwierigster Schritt, sie auch zu verwirklichen. Dabei ist es natürlich wichtig, seine Umwelt nicht außer Acht zu lassen. Gleichzeitig darf er aber auch nicht alle Gegenwehr hinnehmen, sondern muss sich Konflikten stellen. Der Versuch eines Kompromisses, mit welchem man auch selbst zufrieden ist, stellt eine sinnvolle Lösung der Konfliktbewältigung dar.

4.3 Glück durch Andere

Sicherlich ist es ein schönes Gefühl, von lieben Menschen glücklich gemacht zu werden, zu wissen, dass diese Menschen für Sie da sind und Ihr Wohl wollen.

Doch letztendlich gilt als oberste Regel, dass nur Sie selbst sich glücklich machen können. Denn Ihr eigenes Leben ist letztendlich nichts anderes als Ihr persönlicher Film, in welchem Sie die Hauptprotagonistin oder den Hauptprotagonisten spielen. Sicherlich gibt es auch Hauptrollen in Ihrer Biografie, doch im Mittelpunkt stehen Sie und die anderen Menschen stellen weitere Charaktere dar. Egal, ob die Kinder, die Partnerin oder der Partner, Eltern, der beste Freund oder die beste Freundin, der ungeliebte Chef als böser Antagonist - keiner der anderen Personen wird das fühlen, was Sie empfinden oder denken, was in Ihrem Kopf vor sich geht. Das wissen nur Sie allein. Und deshalb ist es auch Ihre Aufgabe, das Happy End für Ihren Film zu schreiben. Denn nur Sie wissen, was Sie glücklich macht. Die Menschen um Sie herum dürfen dabei selbstverständlich eine wichtige Rolle spielen. Doch der Regisseur sind

Sie selbst, Sie bestimmen das Drehbuch. Genauso wie ein Mitmensch seinen eigenen Film dreht.

Dafür spricht auch die überdimensionale Aufgabe, welche Sie einem Menschen auferlegen, wenn Sie von diesem Ihr Glück abhängig machen. Sie setzen diesen Menschen damit unter Druck, dass er für Sie verantwortlich ist. Dies stellt nicht nur eine große Belastung für ihn dar, sondern ist auch unfair. Denn wie bereits erwähnt, ist jeder seines Glückes Schmied und kann nur für sich selbst entscheiden, was ihn glücklich macht und was nicht. Zwar ist es wichtig, dass andere wissen, womit sie Ihnen eine Freude machen können, doch für eine innere positive Einstellung zum Leben und das Gefühl der Glückseligkeit müssen Sie selbst die Verantwortung übernehmen.

4.4 So entsteht Glück

"Nach der Glücksforschung kommen 90 % des Glücks eines Men-
schen aus seinem Inneren. Grundsätzlich nur etwa 10 % sind durch
äußere Umstände bedingt."[24]

Auch wenn der Mensch die äußeren Gegebenheiten oft als Ursachen von Glück und Unglück angibt, sich glücklich machen
kann er nur selbst. Auch wenn der Weg dahin durch Hindernisse schwierig ist und vieles als ungerecht empfunden wird,
ist Glück eine Frage der Einstellung.

Dies zeigt sich am bekannten Beispiel mit dem halb gefüllten
Glas. Ein Pessimist beschreibt dieses Glas als halb leer und
weist darauf hin, dass das Glas in Kürze leer sein und der Ge-
nuss somit beendet sein wird. Der Optimist bezeichnet das
Glas jedoch als halb voll. Der Unterschied? Während der Pessimist sich darüber beklagt, dass bereits die Hälfte des Inhalts

---

[24] Horn 2010, S. 1.

getrunken ist, erfreut sich der Optimist an dem noch verbliebenen Rest. Letzterer kann die andere Hälfte noch genießen. Das Beispiel soll zeigen, dass das glücklich sein eine Frage der Einstellung ist.

Ähnlich gestaltet sich die Frage, wo man Glück findet. Es ist allgegenwärtig, man muss es nicht suchen, sondern einfach nur wahrnehmen. Viele Menschen denken bei Glück an die tollsten Dinge und größten Begebenheiten: Der Lottogewinn, die große Liebe, die Erfüllung eines jahrelangen Lebenstraums etc. Doch Glück ist noch viel mehr. Gerade die kleinen Dinge werden dabei oft übersehen. Schon Epikur betonte in seiner Philosophie die Wichtigkeit der kleinen Freuden für das persönliche Glück. Dabei ist er jedoch der Ansicht, dass jedes Glück auch mit einem Unglück verbunden sein kann und der Mensch demnach nur nach solchem Glück streben soll, welches auch gut für ihn ist: *"So erwählen wir [...] nicht jedes Vergnügen, sondern gehen oft über viele Vergnügungen hinweg, wenn uns daraus mehr Unangenehmes zuwachsen würde."*[25]

---

[25] Epikur, in: Thielen 2007, S. 41.

Doch was empfindet der Mensch als Glück? Wie schon beschrieben, bedarf es zum glücklich sein nicht der Erfüllung von Wünschen oder besonders großer Momente. Vielmehr kommt es darauf an, wie sensibel man im Hinblick auf die kleinen Dinge ist.

Glück von innen beschreibt diese Wahrnehmung und die Einstellung zur Umwelt. Eine innere Zufriedenheit mit sich selbst und der Welt ist der erste Schritt zum glücklich sein. Aber auch eine gesunde Portion Humor und die Fähigkeit, über sich selbst lachen zu können, ist wichtig. Glücklich sein bedarf, wie bereits dargestellt, auch Selbstbewusstsein und einer gesunden Portion Egoismus, um dieses wahrzunehmen und für sich auch annehmen zu können.

Dankbarkeit ist eine weitere wichtige Eigenschaft. Denn durch sie wird dem Menschen bewusst, wie glücklich er eigentlich ist. Dies führt zu einer positiven Lebenseinstellung und dient der Annahme des Glücks.

Die Frage nach dem Weg zum glücklich sein bedarf auch der Betrachtung, wie man mit Unglück umgehen sollte. *"Maßgeblich für unser glücklich sein ist, wie gut wir in der Lage sind, uns an sich ändernde Lebensbedingungen und Probleme anzupassen."*[26] Statt Resignation sollten Rückschläge mit Fassung getragen und als kleine Abschnitte auf dem Weg zum glücklich sein angesehen werden.

Glücklich sein bedarf auch der Fähigkeit zur Wahrnehmung all der guten Dinge, welche Sie im Alltag umgeben: Ein wundervoller Partner, Freunde, neues Wissen, die Schönheit der Natur oder einfach ein freundliches Lächeln von einem unbekannten Menschen.

Und das Beste am glücklich sein: Es hält jung und bewirkt eine positive Ausstrahlung gegenüber Ihren Mitmenschen.

---

[26] Merkle 2003, abrufbar unter: http://www.psycho-tipps.com/Glueck.html [Stand: 10.10.2013].

4.5 Die Auswirkungen von Lebensträumen

Träume und Wünsche sind wichtig, denn sie geben dem Leben eine Richtung und ein Ziel. Doch auch wenn sich die großen Lebensträume nach dem Traumhaus am See oder dem Hauptgewinn in der Lotterie nicht erfüllen, ist dies kein Grund, unglücklich zu sein. Denn gerade dann, wenn absehbar ist, dass der Versuch, diese Träume zu verwirklichen, misslingt, kann aus dem schönsten Traum ein Albtraum werden. Die wenigsten Menschen schaffen es, ihren großen Lebenstraum auch in die Tat umzusetzen, erfreuen sich jedoch an diesem Gedanken in ihrer Fantasie.

Vielmehr sollten Lebensträume realisierbare Wünsche sein. Dies könnte eine schöne Reise, die Planung der Hochzeit, die Zeit der Vorfreude auf die Geburt des Kindes, ein Berufswunsch oder ein bestimmtes Projekt wie das Schreiben eines Buchs sein.

Oftmals hilft es schon, sich das, was man erreichen will, bewusst zu machen und diesen Wunsch auszusprechen. Anschließend folgt der Schritt des Realisierungsversuchs, bei dem man aus einem anfänglichen Traum ein konkretes Handlungskonzept entwickelt. Die Umsetzung dessen ist die nächste Hürde. Die Krönung ist schließlich die Erfüllung des Wunsches, wenn man trotz eventueller Hindernisse sein Ziel erreicht hat.

Oftmals zeigt sich rückblickend, dass bei einem Lebenstraum nicht dessen Realisierung, sondern der Weg dahin das viel größere Glück darstellt. Die gespannte Vorfreude, der Kampf mit Problemen und mit sich selbst, unerwartete Rückschläge, welche gemeistert werden - all diese Erfahrungen prägen einen Menschen und können ihm Selbstbewusstsein geben. Dies alles hilft, weitere Projekte in Angriff zu nehmen.

Nachdem ein Wunsch in Erfüllung gegangen ist, sollte sich der Mensch jedoch weitere Ziele suchen und setzen. Eine Lethargie mangels Wünsche und Träume kann das zuvor empfundene Glück wieder verschwinden lassen. Denn letztendlich geht es bei Lebensträumen und der Suche nach Glück um den Weg zum Glück, welcher Träume und Wünsche zu etwas Besonderem macht.

4.6 Glück im Alltag

Die Beantwortung der Frage nach dem perfekten Alltag ist individuell verschieden. Ausschlafen, ein ausgiebiges ruhiges Frühstück, ein kurzer Arbeitstag mit Lob vom Chef und Erfolg, gute Gesprächen mit Kollegen und Aufgaben, die Spaß machen, vielleicht sogar zeitiger in den Feierabend zu gehen, keine Staus oder verpasste Straßenbahnen, ein leckeres Mittagessen, Zeit für sich selbst, aber auch mit dem gut gelaunten Partner und den fröhlichen Kindern, welche je eine eins in Mathe mit nach Hause gebracht haben, ein gutes Buch in der Zwischenzeit, ein spannender Film am Abend oder ein romantisches Dinner mit dem Partner bei Kerzenlicht - ja so könnte man am Abend glücklich ins Bett fallen und den Tag rückblickend als einen der schöneren betrachten. Doch leider ist so ein

Bilderbuchtag selten der Fall. Ein nerviger Wecker, Stress, Hektik, schlechte Laune, Streit, die kaputte Waschmaschine - oftmals kommen eine Vielzahl von Dingen dazwischen, die die Harmonie stören.

Eine Studie untersuchte die Frage, wie der perfekte Alltag nach Meinung der Befragten aussieht. Das Ergebnis[27] für einen 16-Stunden-Tag zur freien Verfügung ist erstaunlich: An oberster Stelle steht die gemeinsame Zeit mit dem Partner, einschließlich gemeinsamer Gespräche, Unternehmungen, Zärtlichkeiten und Intimität mit fast zwei Stunden. Auf Platz 2 liegt mit etwa 80 Minuten die Zeit für Freunde. Mit je etwa 75 Minuten ist auch die Zeit für Entspannung, Essen sowie Beten und Meditieren eingeplant. Auch Sport ist mit fast 70 Minuten für den Alltag genauso wichtig wie ausgiebige Telefonate mit fast einer Stunde am Tag. Die Alltagsklassiker Einkaufen, Fernsehen, Essenszubereitung folgen mit je etwa 55 Minuten. Dicht gefolgt stehen mit zwischen 40 und 50 Minuten Compu-

---

[27] vgl. Kroll / Pokutta 2013, S. 214.

terspiele, Hausarbeit, Kindererziehung und ein kleines Ni-
ckerchen auf den folgenden Plätzen. Schlusslichter stellen mit
etwa 35 Minuten die Zeit fürs Arbeiten und den damit verbundenen Arbeitsweg dar.

Die Studie zeigt, dass die Gestaltung des perfekten Alltags
sehr vielseitig ist. Die Aktivitäten dauern durchschnittlich
etwa eine Stunde, allein die Zweisamkeit mit dem Partner
wird als wichtiger empfunden. Der Alltag gestaltet sich als ab-
wechslungsreich. Zugleich ist er jedoch in dieser Form nicht
realisierbar. Dies beginnt mit einer täglichen Arbeitszeit von
knapp einer halben Stunde, welche bei einem üblichen Arbeitstag von 8 Stunden nicht nur unrealistisch ist, sondern von
deren Bezahlung man auch nicht leben kann. Auch das strikte
Leben nach Zeitplan ist nicht erfüllend und ist von Stress und
Hektik geprägt. Ein perfekter Alltag zeichnet sich letztendlich
doch dadurch aus, dass alle Beschäftigungen fast wie von
selbst zustande kommen. Dann kann auch die Hausarbeit wie
selbstverständlich miteingeplant werden, ohne dass es zum
Zwang ausartet.

Doch eine solche Darstellung kann ein Anreiz für eine Alltagsgestaltung sein, welche als positiv erlebt werden kann und glücklich macht. Besonders wichtig ist dabei die Zeit für Zweisamkeit. Eine Vielzahl von Partnern lebt in ihrer Beziehung nebeneinander her. Dabei sollte man doch die gemeinsame Zeit vielmehr zusammen genießen und, angelehnt an die Studie, sich bewusst ein bis zwei Stunden am Tag Zeit füreinander nehmen. Denn so sagte auch schon Johann Wolfgang Goethe: "Glücklich ist wer liebt und wer geliebt wird." Die Gestaltung der Zeit ist letztendlich jedem Paar selbst überlassen.

5. Glücklich sein kann man lernen - Tipps und Tricks

Glück ist, entgegen dem Bild in der Gesellschaft, nichts Plötzliches und muss auch nicht vom Zufall abhängig sein. Ein unerwarteter Lottogewinn ist sicherlich wunderschön und mit vielen Vorteilen verbunden, doch dauerhaft glücklich machen kann auch ein Geldsegen nicht. Mit einem guten Polster auf dem Konto lassen sich vielleicht viele Wünsche erfüllen, aber vollkommene Glückseligkeit und eine positive Lebenseinstellung kann man sich nicht erkaufen. Sie ist auch nicht angeboren. Ein Kind kann dahingehend erzogen werden, aber spätestens, wenn es auf eigenen Beinen die große weite Welt der Erwachsenen erkundet und erste Rückschläge erleiden muss, wird die elterliche Erziehung auf die Probe gestellt. Dann ist es wichtig, die Lebensfreude und die Fähigkeiten zum glücklich sein nicht zu verlieren, sondern sie vielmehr zu nutzen, um einer unangenehmen Situation etwas Positives abzugewinnen und einen weiteren Versuch bei der Realisierung der Wünsche zu starten.

Aber glücklich sein kann man auch lernen. Dieser Ansicht folgt auch Stefan Klein. Dabei gibt es eine Vielzahl an verschiedenen psychologischen Übungen. Wichtig sind dabei Motivation und Durchhaltevermögen. Schließlich muss man bei der Verwirklichung von Verhaltensgewohnheiten beachten, dass die alten Handlungsmuster auch einige Zeit brauchten, um zu entstehen. Ein weiterer Weg auf dem Weg zum glücklich sein, ist der Aufbau von Selbstbewusstsein und Durchsetzungsvermögen. Die größte Disziplin stellt die Erlangung von Zufriedenheit mit sich selbst und der Umgebung sowie Dankbarkeit dar, welche ein im Gleichgewicht sein mit der eigenen Person voraussetzt.

Wesentliches Grundmerkmal in der Verhaltenstherapie stellt das Bewusstwerden von Stärken dar. Diese schaffen Selbstbewusstsein und ein selbstsicheres Auftreten nach außen. Das Ausüben eines bisher vernachlässigten Hobbys schafft nicht nur eine sinnvolle Alltagsbeschäftigung, sondern ermöglicht auch aktiv etwas zu machen, woran man Spaß macht. Dies hilft nicht nur zum glücklich sein, sondern vermittelt auch eine

Vielzahl an neuen Kontakten zu Menschen mit den gleichen Interessen.

Eine weitere Übung besteht darin, einmal etwas völlig Neues auszuprobieren. Dies erweitert nicht nur den Horizont, sondern kann auch neue Interessen wecken. Gerade das Unbekannte kann mit bisher unbekannten positiven Erfahrungen verbunden sein, welche einen aus dem Alltag herausholen und glücklich machen können.

Eine kleine Übung, um sich die vielen Momente des glücklich seins im Alltag zu vergegenwärtigen, bedarf lediglich ein paar kleiner Steine. Dabei wird mittels der Steine die Anzahl von Glücksmomenten gezählt, welche im Laufe des Tages erlebt werden.[28] Durch das Bewusstwerden dieser Glücksmomente lernen Sie auch die kleinen Momente des Alltags, welche sie

---

[28] vgl. Schlolaut 2013, abrufbar unter: http://www.ksta.de/psychologie/-psychologie-serie-gluecklich-sein-kann-jeder,15938558,24562820.html [Stand: 10.10.2013].

glücklich machen, wertzuschätzen und werden für diese sensibilisiert. Die Übung wurde Schülern gelernt, welche das Unterrichtsfach Glück besuchen. Die Einführung von Glück als Unterrichtsfach erfolgte erstmals 2007 an einem Gymnasium in Heidelberg. Schnell zeigte sich die positive Wirkung auf die Schüler, da das Lernen von Glück und glücklich sein einen *"enorm positiven Einfluss auf die Entwicklung von Identität, Persönlichkeit, Engagement und Lust auf Leistung"*[29] hat.

Eine weitere Übung lehrt die kleinen Dinge des glücklich seins zu sehen. Setzen Sie sich hin und suchen sie nach Glück. Das schöne Wetter am Ende des Tages, welches den Feierabend verschönert, das Lachen des Kindes, weil es an diesem Tag etwas Aufregendes erlebt hat und davon erzählt, das zufriedene Schnurren der Katze auf dem Schoß, ein lustiger Werbespot während des tristen Fernsehabends, ein Moment der Ruhe, in dem das Telefon im Büro einmal nicht klingelt oder eine SMS von einem Freund, von dem man lange nichts mehr gehört hat.

---

[29] vgl. Schlolaut 2013, abrufbar unter: http://www.ksta.de/psychologie/-psychologie-serie-gluecklich-sein-kann-jeder,15938558,24562820.html [Stand: 10.10.2013].

Die Liste ist unendlich - denn Glück findet man überall! Probieren Sie es einfach aus, Ihr ganz persönliches Such - die Freude - Spiel. Sie können dies auch gern mit einem Menschen zusammen versuchen. Der Gewinner ist derjenige, welcher die meisten schönen Glücksmacher findet.

Eine Übung, um die Fähigkeit zur Dankbarkeit zu erlernen, besteht darin, einem Menschen, welchem man für etwas Bestimmtes sehr dankbar ist, einen Brief zu schreiben. Dieser Brief belohnt jedoch nicht nur den Empfänger, sondern hat auch positive Auswirkungen auf den Sender. Dieser setzt sich gezielt mit einem positiven Erlebnis auseinander, welches ihm dabei als ein solches bewusst ist. Ebenfalls weckt es das Gefühl, das Positive in vermeintlich schlechten Dingen zu sehen und rückblickend festzustellen, dass in Verbindung mit dem Gefühl der Dankbarkeit vielmehr das Schöne überwiegt. Doch auch das Gefühl der Dankbarkeit ist zufriedenstellend und mit positiven Situationen verbunden. Ziel der Übung ist es, dass der Verfasser des Briefes erkennt, dass es für schwierige Situationen Lösungen gibt.

Eine weitere Möglichkeit wäre, mittels der Handykamera oder einer Digitalkamera gezielt Glücksmomente, welche einem im Alltag begegnen, festzuhalten. Diese Bilder können in einem extra dafür angelegten Album gesammelt werden und als persönliche Glücksmomente somit in schwierigen Zeiten eine Stütze sein. Diese Übung fördert die Wahrnehmung für die kleinen schönen Augenblicke und Dinge im Leben.

All diese Tipps geben zwar keine Garantie zum glücklich sein, helfen jedoch dabei, das Glück zu finden und wahrzunehmen, aber auch mit kleinen Rückschlägen umzugehen. Durch das Bewusstwerden eigener Stärken und der kleinen Freuden im Alltag ist es möglich, die eigene Lebenseinstellung zu verändern, sodass Sie in der Lage sein werden, überall ein kleines bisschen Glück zu sehen und sich damit selbst glücklich zu machen.

6. Das Glück wartet schon - Fazit

Glück bedarf der Fähigkeit, glücklich zu sein. Anselm Grün hat in einem Zitat zum Schlüssel zum Glück gut zusammengefasst, was die Fähigkeit zum glücklich sein bedeutet und bedarf:

> *"Sich selbst in seiner Begrenztheit zu lieben und auch die anderen mit ihren Grenzen zu lieben. Wenn es dir gelingt ... dankbar anzunehmen, was Gott dir an Fähigkeiten gegeben hat aber auch dankbar zu sein für die Grenzen ... dann kannst du von dir sagen, dass du glücklich bist."* [30]

Glück und glücklich sein ist abhängig von den individuellen Vorstellungen und der Einstellung zum Leben. Die Philosophie, Medizin und die Psychologie versuchen der Frage auf den Grund zu gehen, was Glück ist. Jedoch lassen sich die Er-

---

[30] Anselm Grün, in: Ansorg 2008, S. 45.

gebnisse nicht verallgemeinern, da das Glück und sein Empfinden subjektiv sind. Um zu lernen, wie man glücklich wird, muss demnach nicht beantwortet werden, was Glück ist, sondern was Sie glücklich macht. Der einzige Weg zum Glück ist der persönliche Ansatz.

Dieser bedarf eines Bewusstwerdens der eigenen Stärken, viel Selbstbewusstsein und einer gesunden Portion Egoismus, um die eigenen Belange zu formulieren und durchzusetzen, der Fähigkeit, das Schöne und die vielen kleinen glücklich machenden Dinge im Leben zu sehen, Zufriedenheit und Dankbarkeit für das erfahrene Glück. Mittels kleiner Übungen können diese Fähigkeiten antrainiert werden, damit Sie schon bald glücklich sind.

Denn der eigene Weg zum glücklich sein führt nur über sich selbst. Diesen Weg müssen sie alleine gehen, denn Sie sind für sich und Ihr Glück selbst verantwortlich. Machen Sie ihr Glück nicht abhängig von anderen, aber nehmen Sie auch auf Ihre Mitmenschen Rücksicht. Lassen Sie sich helfen und seien Sie bereit, auch andere zu unterstützen. Versuchen Sie für sich zu erfahren, was Sie sich wünschen und von Ihrem Leben erwarten. Erkennen Sie Ihre Stärken und lernen Sie diese für sich und Ihre Träume zu nutzen. Doch das Wichtigste ist, dass sie auch versuchen, ihre Wünsche und Träume, seien sie auch noch so utopisch und unerreichbar, zu verwirklichen. Trauen Sie sich, warten Sie nicht länger auf Ihr Glück, denn das Glück wartet bereits auf Sie.

Literaturverzeichnis

Ansorg, Anja: ABC des Glaubens, 2. Auflage, Münster 2008.

Deutsche Post (Hrsg.): Glücksatlas 2012, 2012.
http://www.gluecksatlas.de [Stand: 10.10.2013].

Engelmann, Bea: Positive Psychologie: Achtsamkeit, Glück und Mut, Basel 2012.

Esch, Tobias: Die Neurobiologie des Glücks: Wie die Positive Psychologie die Medizin verändert, Stuttgart 2012.

Gaitzenauer, Veronika: Philosophie des Glücks: Glückslehren von der Antike bis zur Gegenwart, München 2008.

Horn, Nils: Philosophie des Glücks: Glück, Glücksforschung, glückliche Welt, Hamburg 2010.

Hoyer, Timo: Vom Glück und glücklichen Leben: sozial- und geisteswissenschaftliche Zugänge, Göttingen 2007.

Klein, Stefan: Die Glücksformel oder wie die guten Gefühle entstehen, Hamburg 2002.

Kreichgauer, Karl: Positive Psychologie, 2013. http://www.gluecksarchiv.de/inhalt/positivepsychologie.htm [Stand: 10.10.2013].

Kroll, Christian / Pokutta, Sebastian: Just a perfect day? Developing a happiness optimised day schedule, in: Journal of Economic Psychology, Ausgabe Nr. 34, 2013, S. 210-217.

Liebsch, Marika: Formeln fürs Glück 2013. http://www.planet-wissen.de/alltag_gesundheit/psychologie/glueck/tipps.jsp [Stand: 10.10.2013].

Merkle, Rolf: Glück ist keine Glückssache. Die Psychologie des Glücks, 2003. http://www.psycho-tipps.com/Glueck.html [Stand: 10.10.2013].

Otte, Jan Thomas: Glück - was ist das? Glückstheorien zwischen Wunsch und Wirklichkeit, Norderstedt 2013.

Schlolaut, Marie-Anne: Glücklich sein kann jeder lernen, 2013. http://www.ksta.de/psychologie/-psychologie-serie-gluecklich-sein-kann-jeder,15938558,24562820.html [Stand: 10.10.2013].

Steger, Florian: GTE Medizin, Göttingen 2011.

Tby: Formel fürs Glück gefunden, 2003.
http://www.menshealth.de/tech/maennerwissen/gluecks-
formel-gefunden-so-gut-geht-es-ihnen.17185.htm [Stand:
10.10.2013].

Thielen, Verena/ Thiel, Katharina (Hrsg.): Klassische Texte
zum Glück, Berlin 2007.

Tomoff, Michael: Positive Psychologie - anders als ein Dauer-
grinsen, 2011. http://www.zeitzuleben.de/16533-positive-
psychologie-anders-als-ein-dauergrinsen/ [Stand:
10.10.2013].

Zeit online (Hrsg.): Dänen sind die glücklichsten Menschen
der Welt, 2013. http://www.zeit.de/gesellschaft/zeitgesche-
hen/2013-09/un-bericht-daenemark-glueck [Stand:
10.10.2013].

Die Autorin

Manuela Aberger ist im Jahr 1987 geboren und lebt seit jeher in Tirol. Sie ist Ghostwriterin, Autorin und Online-Journalistin seit September 2010 und hat sich bereits zahlreichen Projekten gewidmet. Unter anderem ist sie Autorin bei experto.de, pagewizz.com und suite101.de. Des Weiteren kümmert Sie sich im Namen ihres Unternehmens Schreibbüro und Lektorat Manuela Aberger um das Erstellen von Produktbeschreibungen, Ratgeberartikeln, Pressetexten und Fachartikeln für Ihre Kunden aus ganz Österreich und Deutschland. Auch wer auf der Suche nach einem professionellen Linkbuilding Partner ist, ist bei Manuela Aberger richtig, denn sie versorgt Artikelplätze-Interessenten täglich mit mehreren hunderten Blogs aus jedem Preissortiment.

Weitere interessante Titel von Manuela Aberger

Wie Sie durch selbstbewusstes Auftreten Ihren Status als Sündenbock verlieren

Leise Töne und unauffälliges Auftreten sind in der heutigen Gesellschaft ein Zeichen von Schwäche. Solche Menschen werden in der Regel immer dann benötigt, wenn ein Sündenbock gebraucht wird. Die Autorin Manuela Aberger bietet genau diesen Personen in ihrem Buch einen Leitfaden und Ratgeber, wie sie ihrer Rolle als Sündenbock entfliehen können. Wer sich an die Tipps und Anleitungen in diesem Ratgeber hält, wird sein Selbstbewusstsein steigern, sein Auftreten verändern und schnell feststellen, wie viele Türen sich plötzlich öffnen, wenn man nur selbstbewusst genug auftritt. Nach der Lektüre dieses Ratgebers ist die Zeit als Sündenbock für den Leser endgültig vorbei. Ein neues, selbstbewusstes Leben wartet bereits.

Gesund und schlank trotz Herbst und Winter – Der richtige Weg zu natürlicher Schönheit

Müdigkeit und Lustlosigkeit beherrschen Ihre Gefühlswelt? Der Sommer geht vorüber, es wird wieder kalt und als ob es mit dem Wohlbefinden nicht schon schlimm genug wäre, machen uns drei weitere Faktoren zu schaffen: unsere Haut, die Figur und, was noch ein bisschen schlimmer ist, unsere Gesundheit. Dieser Ratgeber zeigt Geheimtricks auf, wie Sie auch im Herbst und Winter schön, gesund und fit aussehen und sich auch dementsprechend fühlen. *VKP: 5,90 €, erhältlich bei Amazon, BOD, Buch.de, Libri.de, weltbild.de und vielen, vielen weiteren Shops.*

Einführung in die Migrationspädagogik

Die Bedeutung der Begriffe Migration, Migrationsgesellschaft, Mehrfachzugehörigkeit und institutionelle Diskriminierung im Kontext der Migrationspädagogik

Aktuell zählt in etwa jeder Dritte der in der EU lebenden jungen Personen zur Gruppe, die einen Migrationshintergrund aufweist. Davon ist in etwa die Hälfte bereits seit dem Jahr 2011 oder sogar noch länger in Deutschland wohnhaft, ein Drittel von ihnen zählt sogar bereits mehr als 20 Jahre. Die Thematik Migration stellt – obwohl es sich dabei um ein natürliches Phänomen handelt, das seit jeher existiert - weltweit ein Reizthema dar und die Diskussionen rund um die Angelegenheit sind in der Regel in einem hohen Maße emotional und politisiert. Eine sachliche Auseinandersetzung mit der Thematik dagegen existiert kaum. Das grundlegende Ziel dieser Arbeit besteht darin, die Begriffe „Migration" und Migrationsgesellschaft im Zusammenhang mit der Migrationspädagogik zu definieren und ihre wesentlichen Merkmale herauszuarbeiten. Gleichzeitig werden aber auch der Ansatz der Mehrfachzugehörigkeit und die institutionelle Diskriminierung eine Rolle spielen. Die Arbeit endet mit einer Diskussion, in der die wichtigsten Erkenntnisse noch einmal zusammengefasst werden und jene Frage, deren Beantwortung unbedingt noch weiterer Forschung bedarf, Platz eingeräumt wird.

VKP: 5,90 €, erhältlich bei Amazon, BOD, Buch.de, Libri.de, weltbild.de und vielen, vielen weiteren Shops.

Hölle im Internet

Dem Cybermobbing auf der Spur

Die Schule und der Arbeitsplatz sind im Jahr 2013 längst nicht mehr die einzigen Orte, an denen Mobbing stattfindet – Nein! Mittlerweile geht der Horror in der Freizeit weiter. Opfer von Cybermobbing werden in Social- Network-Plattformen, in Chats und in Foren rund um die Uhr schikaniert, bloßgestellt und bedroht. Was die Täter mit ihren grausamen Einträgen anrichten, ist ihnen bei ihrer Tat meist nicht bewusst. Gleichzeitig unterschätzen Eltern das Risiko, weil ihnen eigene Erfahrungen in diesem Bereich fehlen – kein Wunder, wenn man bedenkt, welch rasante Entwicklung das Internet in den letzten Jahren vollzog.

Fakt ist: Cybermobbing ist eine bedrohliche Seuche, die immer mehr Menschenleben auf dem Gewissen hat – in vielen Fällen handelt es sich dabei sogar noch um 12- jährige Kinder. Was können Sie als Eltern zur Prävention von Cybermobbing beitragen und was sollten Sie tun, wenn sich Ihr Kind bereits inmitten des Teufelskreises befindet? Dieser Ratgeber liefert verständliche Antworten auf wichtige Fragen. *VKP: 5,90 €, erhältlich bei Amazon, BOD, Buch.de, Libri.de, weltbild.de und vielen, vielen weiteren Shops.*

Pornografie im Internet

Wenn Pornos die Liebe vergiften

Dieses Buch befasst sich mit dem Reizwort Pornografie, welches in der heutigen Zeit vermehrt für Zündstoff sorgt und so manche Diskussion über Moral und Wertvorstellungen entfacht.

Nirgendwo wird wohl mehr über Pornografie geredet, gestritten und geschwiegen, wie in Beziehungen und Partnerschaften. Daher soll hier auch das Hauptaugenmerk auf die Pornografie in der Partnerschaft gerichtet sein.

Der Ratgeber bietet Ihnen eine Einführung in das Thema und setzt sich damit auseinander, warum Mann und Frau unterschiedliche Einstellungen gegenüber Pornografie haben. Bleibt zu hoffen, dass Sie nach diesen Zeilen nicht nur mehr über die Geschichte und Verbreitung von Pornografie Bescheid wissen, sondern dass Sie auch Ihren Partner besser verstehen und ihm verständnisvoll zur Seite stehen werden, wenn Pornografie in der Beziehung zum Problem geworden ist und er nach Auswegen aus seiner Sucht Ausschau hält.

VKP: 12,99 €, erhältlich bei Amazon, BOD, Buch.de, Libri.de, weltbild.de und vielen, vielen weiteren Shops.

Magersucht

So viel mehr als Hungern

Anorexia nervosa, auch bekannt unter dem Begriff Magersucht, ist eine schwerwiegende Erkrankung, die sich bei immer mehr jungen Mädchen und Frauen im Alter von 15 bis 35 Jahren einstellt. In 15 Prozent der Fälle endet der Krankheitsverlauf tödlich. Was ist Magersucht? Ein Thema, das durch die Medien geistert? Bilder die betroffen machen und doch so weit weg der eigenen Realität zu sein scheinen? Der Schein kann trügen. Viel schneller als Sie denken wird Magersucht bittere Wahrheit. Wo endet gesundes abnehmen und wo beginnt Magersucht? Wenn die Frage so einfach zu beantworten wäre, stünden nicht tausende von Eltern vor einer der schwersten Prüfungen ihres Lebens. Denn ihre Kinder aus dem Teufelskreis der Magersucht zu befreien, sich mit der bizarren Symptomatik und den tückischen Gefahren der Magersucht auseinanderzusetzen, führt viele Eltern an die Grenzen ihrer Belastbarkeit.

Autorin Manuela Aberger nimmt das Problem Magersucht detailliert unter die Lupe und schildert in ihrem Buch den Entstehungsprozess der Magersucht und zeigt auf, was Eltern über Magersucht bisher nicht wissen. Sachlich werden die Ursachen und familiäre Einflüsse von Magersucht verdeutlicht und aufgezeigt, wo und wie sich Betroffene helfen können.

Was ist Magersucht? Verschaffen Sie sich mit diesem Buch einen ganzheitlichen Überblick über Anzeichen, Ursachen und Behandlung einer gefährlichen Krankheit. *VKP: 11,90 €, erhältlich bei Amazon, BOD, Buch.de, Libri.de, weltbild.de und vielen, vielen weiteren Shops.*

Die 8 häufigsten Volkskrankheiten

Eine Einführung in Ursachen, Anzeichen, Prognose, Diagnostik, Therapie und Prophylaxe

Die Volkskrankheit ist kein Begriff aus der medizinischen Fachsprache. Das Wort Volkskrankheit ist mehr als Sammelbegriff für Krankheiten zu sehen, die unter der Bevölkerung eines Landes verstärkt auftreten. Die Bezeichnung Zivilisationskrankheit würde den Kern besser treffen. Klassische Beispiele für Erkrankungen, die ursächlich auf dem Lebensstil, der Kultur des Landes und der Gesellschaft beruhen, sind der Schlaganfall, der Herzinfarkt oder auch die Arteriosklerose. Risikofaktoren wie Ernährung, Bewegungsmangel und Stress sind in der heutigen Gesellschaft mehr und mehr anzutreffen. Sieht man sich die Statistiken über die Krankheit Fettleibigkeit (Adipositas) an, ist abzulesen, dass diese bis zum Ende des

Zweiten Weltkrieges selten diagnostiziert wurde. Der Lebensstil musste den gesellschaftlichen Gegebenheiten angepasst werden.

Erschreckend ist, dass bis zur Hälfte der Todesfälle in Deutschland auf vermeidbare Risiken zurückzuführen sind. Bewegungsmangel und fettreiche Ernährung begünstigen Diabetes, Herz-Kreislauf-Erkrankungen und Rückenleiden. Nachgewiesen ist ebenfalls der rasante Anstieg der psychischen Erkrankungen. An der Spitze stehen die Depressionen. *VKP: 14,90 €, erhältlich bei Amazon, BOD, Buch.de, Libri.de, weltbild.de und vielen, vielen weiteren Shops.*

Über tredition

Der tredition Verlag wurde 2006 in Hamburg gegründet. Seitdem hat tredition Hunderte von Büchern veröffentlicht. Autoren können in wenigen leichten Schritten print-Books, e-Books und audio-Books publizieren. Der Verlag hat das Ziel, die beste und fairste Veröffentlichungsmöglichkeit für Autoren zu bieten.

tredition wurde mit der Erkenntnis gegründet, dass nur etwa jedes 200. bei Verlagen eingereichte Manuskript veröffentlicht wird. Dabei hat jedes Buch seinen Markt, also seine Leser. tredition sorgt dafür, dass für jedes Buch die Leserschaft auch erreicht wird

Autoren können das einzigartige Literatur-Netzwerk von tredition nutzen. Hier bieten zahlreiche Literatur-Partner (das sind Lektoren, Übersetzer, Hörbuchsprecher und Illustratoren) ihre Dienstleistung an, um Manuskripte zu verbessern oder die Vielfalt zu erhöhen. Autoren vereinbaren unabhängig von tredition mit Literatur-Partnern die Konditionen ihrer Zusammenarbeit und können gemeinsam am Erfolg des Buches partizipieren.

Das gesamte Verlagsprogramm von tredition ist bei allen stationären Buchhandlungen und Online-Buchhändlern wie z. B. Amazon erhältlich. e-Books stehen bei den führenden Online-Portalen (z. B. iBook-Store von Apple) zum Verkauf.

Seit 2009 bietet tredition sein Verlagskonzept auch als sogenanntes "White-Label" an. Das bedeutet, dass andere Personen oder Institutionen risikofrei und unkompliziert selbst zum Herausgeber von Büchern und Buchreihen unter eigener Marke werden können.

Mittlerweile zählen zahlreiche renommierte Unternehmen, Zeitschriften-, Zeitungs- und Buchverlage, Universitäten, Forschungseinrichtungen, Unternehmensberatungen zu den Kunden von tredition. Unter www.tredition-corporate.de bietet tredition vielfältige weitere Verlagsleistungen speziell für Geschäftskunden an.

tredition wurde mit mehreren Innovationspreisen ausgezeichnet, u. a. Webfuture Award und Innovationspreis der Buch-Digitale.

tredition ist Mitglied im Börsenverein des Deutschen Buchhandels.

Zeitfracht Medien GmbH
Ferdinand-Jühlke-Straße 7
99095 Erfurt, Deutschland
produktsicherheit@kolibri360.de